UN DERNIER MOT

SUR

M. L'ABBÉ MARMIER,

PAR

 M. L'ABBÉ BESSON.

BESANÇON,

IMPRIMERIE ET LITHOGRAPHIE DE J. JACQUIN,

Grande-Rue, 14, à la Vieille-Intendance.

—

1869.

UN DERNIER MOT SUR M. L'ABBÉ MARMIER.

Les élèves de M. l'abbé Marmier ont regardé comme un pieux devoir imposé à leur reconnaissance le soin d'élever un modeste tombeau à leur cher et vénéré maître. Aucun d'eux n'a manqué à ce devoir, et les regrets que sa mort avait excités dans toute la province, se sont renouvelés dans cette circonstance avec la plus touchante unanimité. C'est le 7 avril dernier que le monument funèbre, en forme de sarcophage et décoré des insignes du sacerdoce, a été placé dans le cimetière de Frasne, à la suite d'un service célébré avec l'assistance de toute la paroisse et le concours de tout le clergé du pays. Une pierre commémorative rappelle aussi la mémoire du défunt dans le collége où son enseignement a eu tant d'éclat et où sa piété a laissé de si utiles exemples. Voici l'inscription qu'on lit dans la chapelle du collége Saint-François-Xavier :

D. O. M.
ET.
PIÆ. MEMORIÆ. J. FR. STEPHANI. MARMIER.
SACERDOTIS.
QUI. IN. HOC. GYMNASIO. PHILOSOPHIÆ. PRÆCEPTA.
TRADIDIT. ET. LUCULENTER. EXPLANAVIT.
SACERDOTII. LABORISQUE. SUI. SOCIIS. AC. CONSORTIBUS.
IN. AMORE. ET. HONORE.
ALUMNIS. IN. PARENTIS. LOCO. HABITUS.
QUEM. VII ET. L. ANNIS. ALIQUANTO. MINOREM.
REPENTINA. MORS. ET. IMMATURA.
SED. MATURUM. CŒLO. NEC. IMPARATUM. ADORTA.
PRÆRIPUIT,
NONIS. DECEMB. AN. DOM. MDCCCLXVIII.

L'inscription gravée sur le tombeau qu'on a élevé dans le cimetière de Frasne est conçue en ces termes :

HIC. JACET.
IN. SPEM. BEATÆ. RESURRECTIONIS.
JOANNES. FRANCISCUS. STEPHANUS. MARMIER.
SACERDOS.
IN. GYMNASIO. S. FR. XAVERII. VESONTIENSI.
PHILOSOPHIAM. DIU. PROFESSUS.
INGENII. PERSPICACITATE. ET. CONSTANTIA. CLARUS.
MODESTIA. VERO. ET. PIETATE. CLARIOR.
QUI. POSTQUAM. SUPER. XXXIV. ANNOS.
DE. INNATO. SIBI. JUVENES. ERUDIENDI. STUDIO.
NIHIL. REMITTENS.
MULTORUM. ANIMOS. VIRTUTIBUS. ET. DOCTRINIS.
EXCOLUIT.
MAGNUM. SUI. RELINQUENS. DESIDERIUM.
OBIIT. VESONTIONE. NONIS. IPSIS. DECEMBRIBUS.
AN. D. MDCCCLXVIII.

———

NATALIS. PAROCHIA. HUNC. LOCUM. DICAVIT. OSSIBUS.
HOC. MONUMENTUM. MŒRENTES. DISCIPULI. POSUERE.
CORONAM. REDDET. DOMINUS. JUSTUS. JUDEX.

Le supérieur du collége Saint-François-Xavier, s'inspirant des pensées et des sentiments qui avaient dicté ce double hommage, a prononcé dans le service funèbre célébré à Frasne, le 7 avril, le discours suivant :

> *Memoria ejus in benedictione.*
> Sa mémoire demeurera en bénédiction.
> (*I Macch.*, III.)

Il y a quatre mois que nous avons amené au milieu de vous la dépouille mortelle de M. l'abbé Marmier et demandé pour elle, dans la terre natale, l'asile sacré où elle reposera jusqu'à la résurrection des morts. Nous venons aujourd'hui compléter ce devoir en élevant sur ces cendres à peine refroidies un monument qui consacre notre admiration et nos regrets ; nous venons prier avec vous pour le repos d'une âme si chère, dans l'église qu'elle aimait ; nous venons lui dire du pied de cet autel un public et dernier adieu. J'aurais voulu me taire dans cette cérémonie, car c'est le silence bien plutôt que la parole qui sied à notre deuil, le temps n'a pas affaibli nos émotions, et toutes les fois que ce nom, ce souvenir, monte de mon cœur à mes lèvres, je sens couler mes larmes, mes sanglots sont près d'éclater; il me semble que c'est hier qu'il vivait, hier qu'il parlait encore, et que c'est ce matin même que nous l'avons perdu.

Mais s'il faut faire un effort sur notre douleur et essayer de dire ce que chacun de vous sent aussi bien que moi, je ne parlerai du moins que de ces choses intimes et tout affectueuses, de ces souvenirs qui n'appartiennent qu'à la famille, à la paroisse, au collége, qui n'est lui-même qu'une autre paroisse et une autre famille. Oublions le théologien éminent, le philosophe profond; c'est notre ami, c'est notre maître, c'est votre concitoyen, que je voudrais vous peindre : c'est au sacerdoce que je viens rapporter tout l'honneur de sa vie, car il n'y a que le sacerdoce qui puisse inspirer et soutenir un tel dévouement et une telle fidélité à nos amis, à nos élèves, à nos foyers. Bénissons Dieu de l'avoir fait prêtre et gardons comme une bénédiction la mémoire de ses vertus : *Memoria ejus in benedictione.*

Nous pleurons un ami; jamais homme n'a mieux mérité ce titre, jamais titre n'a été porté avec plus d'honneur, jamais plus touchante occasion de célébrer l'amitié dans la chaire chrétienne. M. l'abbé Marmier avait toute la délicatesse, toutes les saintes jalousies, toutes les susceptibilités légitimes de ce noble sentiment. Il aimait avec cette bonté parfaite qui était le fond de son caractère et qui lui faisait sentir le besoin de s'épancher au dehors pour trouver des âmes sympathiques à la sienne. Il aimait avec ce zèle qui hasarde et qui risque tout pour l'honneur de celui qu'on aime, conseillant l'inexpérience, excusant les fautes, défendant avec une hardiesse invincible les causes les plus difficiles ou les plus abandonnées, gagnant les esprits les plus prévenus, inclinant avec une douce violence la justice vers la miséricorde. Il aimait avec cette persévérance du cœur qui survit aux yeux affaiblis et à la mémoire défaillante, gardant, malgré l'absence, malgré l'éloignement, des attachements de trente années auxquels il hésitait à appliquer un nom, mais qui, l'occasion donnée, se réveillaient par une explosion soudaine, dans le cri d'une reconnaissance inattendue. Il y a un âge où l'esprit devient plus difficile sur le choix des amis et où le cœur cesse, pour ainsi dire, de se donner. Les illusions sont tombées, de cruelles expériences nous ont trahi, l'âme repliée sur elle-même se demande si elle peut encore avoir quelque confiance et hasarder quelque ouverture. Triste épreuve, que M. Marmier n'a pas connue! Il est demeuré toujours jeune, toujours ardent, toujours naïf ; il a inspiré la fidélité la plus tendre à force d'être lui-même tendre et fidèle, il a gardé tous ses amis. C'est encore une imperfection de l'amitié humaine de ne réunir que les gens du même âge. M. Marmier, plus heureux que les autres, a eu dans tous les âges des amis, des confidents, d'autres lui-même, tant il y avait de facilité, tant il y avait de charme et de sûreté dans son commerce, tant il était sympathique, même sous des cheveux qui commençaient à blanchir, aux projets et aux espérances de la jeunesse. Amis de la première heure ou de la neuvième, je ravive ici vos plus cruelles émotions ; combien il vous en a coûté de vous accoutumer à l'idée de ne plus le voir au milieu de vous ! Au premier bruit du coup fatal qui nous l'a enlevé, qui de vous ne s'est senti frappé comme si quelque tragique accident eût désolé sa famille. Des hautes montagnes du Jura aux plaines de la Saône, ç'a été comme l'accent d'une immense douleur mêlée à une immense surprise. Nos presbytères, nos séminaires, nos collèges, étaient pleins de son nom ; c'était l'hôte qu'on attendait partout pendant les vacances ; c'était l'ami qu'on se faisait partout une joie de recevoir, un plaisir de garder longtemps, un charme d'écouter toujours jusque dans ses anecdotes cent et cent fois redites, jusque dans les saillies et les boutades de sa conversation si animée, si pittoresque, si pleine de sens, de verve et d'entrain. Et nous qui goûtions tous les jours ce doux et agréable commerce, nous le cherchons tous les jours à nos côtés ; après quatre mois d'absence, il nous semble que nous devons bientôt le revoir ; le silence s'est fait dans ces réunions intimes où il tenait une si grande place ; il nous semble qu'il va rentrer pour prendre la parole et nous réjouir encore ; en dépit de la mort, nous attendons son retour ! O mort ! que tu es cruelle, puisqu'il ne nous reste plus que ces paroles du prophète pour nous entretenir avec lui : « Je pleure sur toi, ô Jonathas, ô mon frère ; comme une mère aime son fils unique, ainsi je t'aimais. »

Nous pleurons un maître, et c'est l'hommage de ses élèves que nous apportons dans cette paroisse. Dans les trente-quatre années de son enseignement, trois générations sacerdotales ont été formées par ses soins : ceux-ci, dont il était le maître à un âge où il aurait pu être encore leur émule, portant déjà à l'autel une couronne de cheveux blancs et descendant l'autre côté de la vie ; ceux-là dans toute la maturité de l'âge ; d'autres à peine entrés sur le seuil du sanctuaire ; tous, la mémoire encore remplie de ses solides et magnifiques leçons, tous le cœur encore plus rempli de sa tendresse et de ses bontés : quel cortège pour un maître, quel témoignage rendu à son dévouement ! Je vois se presser derrière eux une foule innombrable de laïques sincèrement attachés à la pratique de leurs devoirs, et qui rapportent à son enseignement, comme à la source de la vérité même, toute la solidité de leurs convictions, tout l'honneur de leur vie chrétienne. Soldats, magistrats, médecins, négociants, membres du barreau et de l'université, toutes les générations nouvelles auxquelles il a prodigué ses soins, se sont souvenues de lui et nous ont exprimé dans les termes les plus chaleureux leur reconnaissance et leur affection envers leur vénéré maître. Lacordaire disait à ses élèves de Sorrèze: « Je m'épuise, Messieurs, mais c'est à votre service. » M. l'abbé Marmier pouvait se rendre le même témoignage devant les hommes ; il ne l'a pas fait, tant il était modeste, tant il cachait ses souffrances, tant il était jaloux de professer, d'achever sa vie, jusqu'au dernier souffle, dans cet ingrat et obstiné service. Il est demeuré debout jusqu'au dernier jour; il est tombé sous le drapeau. Ah ! que l'on conserve son nom à l'ordre du jour ! qu'on en fasse souvent l'appel devant les jeunes maîtres, qu'on réponde à ce nom, comme à celui de la Tour d'Auvergne : Mort au champ d'honneur ! C'est notre exemple, c'est notre modèle, c'est le héros simple, modeste, dévoué, de la vie enseignante. Je l'appelais tout à l'heure une vie ingrate, je me trompe. Non, il n'y a d'ingrat que l'apparence et de stérile que la surface. Non, ce n'est pas un ingrat labeur ni un stérile métier que de jeter dans les âmes les germes de la foi, et d'arracher d'une main discrète, douce et patiente, comme notre maître le savait faire, les épines qui étoufferaient ces germes précieux. Non, les disciples de M. l'abbé Marmier n'ont pas été ingrats : témoins leurs lettres tout inondées de larmes, témoin le tombeau élevé par leurs mains. Ce tombeau renferme les sympathiques regrets, les hommages reconnaissants de toute la Comté; c'est la génération nouvelle qui l'a bâti, ce sont des jeunes gens, l'espoir du siècle futur, qui en ont conçu l'idée; ils le visiteront encore dans cinquante ans, ils expliqueront à d'autres l'épitaphe consacrée à la mémoire de leur maître, ils justifieront son éloge en racontant les souvenirs de leur collège, et M. l'abbé Marmier gardera jusqu'à la troisième et à la quatrième génération une mémoire honorée et bénie.

Mais c'est à vous qu'il appartient de conserver ce tombeau, vous, mes frères, qui êtes ses concitoyens ; c'est à vous que ses amis et ses élèves viennent en confier la garde. Pouvions-nous remettre à des mains plus sûres ces restes précieux ? Pouvions-nous déposer dans une terre plus aimée cette dépouille mortelle ? Si M. l'abbé Marmier a eu quelque préférence dans ses affections, s'il a mis quelque chose au-dessus de ses élèves et de ses amis, c'était Frasne, c'était sa terre natale, sa chère paroisse. Vous avez été son premier amour, vous avez eu ses dernières pensées. Avec quelle fidélité ne revenait-il pas, à chaque vacance, toucher ce sol béni pour y retremper sa vigueur et y renouveler sa jeunesse ! Il partait au premier signal, avec quelle joie, nous le savons ! et les impressions qu'il nous rapportait à son retour étaient comme toutes remplies de l'air des montagnes. La foi, l'esprit de famille, l'indépendance du caractère, la générosité des sentiments, respiraient dans sa conversation et dans ses regards, et c'était l'âme toute remplie des souvenirs de la terre natale qu'il reprenait le sillon accoutumé et qu'il le fécondait de ses nobles sueurs. Pourquoi ne vous dirais-je pas qu'il ne nous laissait rien ignorer de vos intérêts temporels et spirituels et que vous étiez, dans tout le cours de l'année scolaire, son plus cher entretien ? Un poëte de l'antiquité a dit du sol qui nous a vu naître :

Nescio quâ natale solum dulcedine cunctos
Allicit, immemores nec sinit esse sui.

« Je ne sais quelle douceur secrète s'attache au sol natal, en remplit tous les cœurs et ne permet à personne de l'oublier. » Eh bien ! non-seulement M. l'abbé Marmier se souvenait de vous avec bonheur, mais il nous faisait partager ses souvenirs, comme si ses confrères et ses élèves eussent été élevés sous le même toit, comme si nous avions eu la même patrie et le même clocher. Nous vous connaissons tous, sinon de visage, du moins de caractère et de nom, grâce à cet entretien de dix-huit ans que chaque vacance rafraîchissait encore. Nous vous aimons comme il vous aimait lui-même. Vous êtes de notre communauté, comme nous sommes de votre paroisse et de votre famille. Voilà le riche et industrieux village dont il nous avait peint l'activité laborieuse et la vive intelligence, voilà le foyer paternel qu'un incendie avait dévoré et dont il a relevé les pierres au prix de tant de sacrifices. Cette église dont il aimait à vanter les belles proportions et les riches ornements ; ce presbytère que M. Pergaud avait si longtemps habité et où il avait passé lui-même tant d'heureux jours dans la société intime de ce prêtre si judicieux, si instruit et si vénéré ; cette tombe du bon pasteur si chère à toute la paroisse ; cette charge de curé si difficile à remplir après lui, et où les vœux de M. Marmier avaient porté avec tant d'ardeur le prêtre qui la remplit aujourd'hui si dignement ; ces conférences ecclésiastiques où notre confrère était accueilli avec tant de cordialité et qui avaient tant d'attraits et de charmes pour lui ; tout ce pays si chrétien, nous le connaissions par ses récits et ses peintures, nous l'aimions à son exemple, et ceux d'entre nous qui ne l'avaient jamais vu, le retrouvent tel qu'il nous l'avait dépeint, tel qu'il nous l'avait fait aimer. Mais M. Marmier n'est plus.

Un seul être vous manque, et tout est dépeuplé !

Non, si sa présence vous manque, sa mémoire vous reste, et sa mémoire est pour la paroisse comme pour son collége une bénédiction : *Memoria ejus in benedictione.*

Demandez-moi maintenant pourquoi il a été un ami si fidèle, un maître si dévoué, un concitoyen si aimant ; d'un mot je vous expliquerai tout : M. Marmier était prêtre, et c'est tout dire.

Le prêtre de Jésus-Christ est fidèle à l'amitié, à l'exemple de Celui qui a aimé Lazare jusqu'à pleurer sur son tombeau et jusqu'à le rendre à la vie.

Le prêtre de Jésus-Christ se dévoue à l'éducation et à l'enseignement, à l'exemple de Celui qui, s'étant choisi des disciples, a formé leur esprit et leur cœur, ménagé leur faiblesse, instruit leur ignorance, supporté leur grossièreté, corrigé et réglé leur zèle.

Le prêtre de Jésus-Christ n'oublie jamais ni son Bethléem, fût-il né dans une étable, ni son Nazareth, eût-il été élevé dans un atelier laborieux, ni sa Jérusalem, dût-il y trouver la mort et la mort de la croix, car Jésus-Christ lui a donné l'exemple de toutes les vertus civiques : il a averti, il a prêché Jérusalem infidèle, il a versé des larmes en prophétisant sa ruine, il a été le plus aimant des concitoyens comme le plus dévoué des maîtres et le plus fidèle des amis.

Ainsi, quand Dieu prend le cœur d'un homme pour en faire celui d'un prêtre, s'il lui interdit de contracter de nouveaux liens dans la chair et dans le sang, il ne demande ni à l'ami, ni au maître, ni au concitoyen, de briser aucun des liens que la nature lui a faits dans le monde ; mais il épure et il transforme ces liens naturels, il les consolide et il les scelle sous la pierre du tabernacle, il les consacre par tous les serments du sacerdoce. Ne craignez rien, ni pour l'amitié, ni pour la famille, le jour où cet homme reçoit l'onction sainte. Il sortira de l'ordination meilleur ami, meilleur maître, meilleur fils. Ces condisciples qu'il aimait d'une affection naturelle, il les aime encore, il les aimera dans tout le cours de sa vie, mais d'un sentiment à la fois plus respectueux, plus vif et plus profond. Il les aime pour prendre intérêt à leur salut, il les aime pour les rappeler au devoir, il les aime pour les contraindre doucement à sauver leur âme. Que sera-ce de ceux qui partagent avec lui les honneurs du sacerdoce et qui boivent chaque jour à la même coupe le sang de Jésus-Christ! Ah! c'est dans le clergé qu'il faut chercher l'amitié pure, sincère et véritable; l'amitié sacerdotale se retrempe, se rajeunit presque tous les jours dans les entretiens d'une douce confraternité; elle croît avec les années, elle se nourrit de prières communes, et, loin de se refroidir sous la pierre d'une tombe, elle se console, elle s'épanouit, elle s'exalte chaque matin au *Memento* de la messe, jusqu'à cette aube sans déclin où les prêtres se réuniront autour de l'Agneau sans tache et se donneront devant ce céleste autel une main que ni la douleur ni la mort ne pourront plus atteindre.

Laissez-nous vous dire encore que c'est au prêtre surtout qu'il appartient d'enseigner, de bien enseigner, d'enseigner longtemps. Aucune préoccupation personnelle ne trouble ni n'interrompt ses études, aucun désir d'ambition ne le dégoûte de son modeste partage; enfants ou jeunes gens, quel que soit l'auditoire réuni autour de sa chaire, il le juge toujours digne de lui, car ce sont des âmes qu'il instruit et qu'il forme; jusque dans l'enseignement des sciences profanes, il ne voit que des âmes à élever et à tourner vers Dieu; son temps, ses soins, sa vie, tout leur appartient : voilà son troupeau, sa paroisse, sa famille. A mesure que sa classe se renouvelle, il renouvelle pour l'enseigner sa jeunesse et son ardeur. Il quitte les anciens sans les oublier, il aime les nouveaux sans les connaître encore. Croyez-en, à défaut de sa voix, qui hésite à le dire, croyez-en ses soins, ses veilles, sa vie qui se consume; croyez-en, comme dans la vie que nous rappelons ici, trente-quatre ans de labeurs passés sous le poids de la chaleur et du jour.

Mais du fond de ce foyer adoptif où coule son obscure existence, le prêtre lève les yeux, tourne son cœur vers la paroisse où il a reçu le jour et les bienfaits de l'éducation. Il revient chaque année, et chaque année meilleur fils que jamais, auprès de ce père dont il est devenu la gloire et l'appui, auprès de cette mère qui parle de lui chaque jour et à qui il parle lui-même de sa classe et de ses élèves comme de sa propre famille. Cette mère vieillit avec honneur, et la vieillesse lui semble moins pesante, parce que son fils peut la bénir, son fils peut l'absoudre, et qu'il lui sera donné de fermer les yeux sous une main toute remplie des grâces du sacerdoce. Enfin le prêtre demeurera meilleur frère que jamais, auprès de ces frères et de ces sœurs dont il sera le lien. On verra en lui, quand ses parents ne seront plus, le chef de la maison, la pierre angulaire et sacrée du foyer; son autorité sera reconnue, et longtemps même après sa mort, sa mémoire sera, pour tous ceux qui ont porté son nom, une recommandation honorable, un titre à l'estime publique, une source inépuisable de bénédictions devant Dieu et devant les hommes : *Memoria ejus in benedictione.*

Heureuses donc et trois fois heureuses les terres privilégiées où croissent les vocations sacerdotales ! Heureuses les familles qui possèdent ces grâces et qui méritent d'en conserver la tradition. Ce sont vos plus chers intérêts que je prêche aujourd'hui, ô paroisse chrétienne si chère à M. l'abbé Marmier, si grande dans la mémoire de ses élèves et de ses amis, si digne de donner des successeurs à son ministère et à son sacerdoce. Il y a des siècles que vous êtes citée parmi les tribus lévitiques et que le souffle de l'Esprit de Dieu vient se reposer sur la tête de vos enfants. Je vous en conjure, ne laissez pas périr ce souffle divin, ne laissez pas cette grâce se détourner de vous pour aller féconder des terres plus fidèles. Avant la révolution vous comptiez dix prêtres; tous ont subi l'épreuve de la persécution et de l'exil, tous sont demeurés intrépides dans leur foi, tous, en refusant le serment constitutionnel, ont mieux aimé obéir à Dieu qu'aux hommes. Voilà vos traditions et vos souvenirs. Le prêtre que nous pleurons les a glorieusement soutenues; il a honoré sa paroisse, son diocèse, sa province; il est aujourd'hui pour vous comme pour nous-mêmes un véritable titre de gloire. Je fais donc appel à ceux qui méditent de l'imiter : aux parents, pour qu'ils le souhaitent parmi tous les souhaits de bonheur qu'ils font à leurs enfants; aux enfants, pour que le souvenir de cette cérémonie, la vue de ce tombeau, éveillent au fond de leur âme la pensée d'une vocation ecclésiastique; au pasteur, pour qu'il en découvre les germes, qu'il les cultive, et que Dieu couronne par cette grâce suprême toutes les grâces qu'il a faites à son ministère. Pour nous, mes frères, il nous sera doux d'être compté pour quelque chose dans cette paroisse et d'y laisser avec le tombeau de M. l'abbé Marmier le souvenir d'une amitié fidèle et d'une éternelle reconnaissance. Dût cette pierre se briser, comme se brisent, hélas ! toutes les choses humaines, rien ne brisera jamais les liens de cette reconnaissance et de cette amitié ; dussent les lettres qui composent cette épitaphe se disperser aux quatre vents du ciel, on les retrouverait dans notre cœur plus vivantes que jamais. Non, une telle mémoire ne saurait périr. Elle s'est répandue ici-bas comme une bénédiction : *Memoria ejus in benedictione ;* mais, au ciel, elle vivra, elle rayonnera, elle demeurera éternellement : *In memoriâ æternâ erit justus.*

BESANÇON, IMPRIMERIE DE J. JACQUIN.

www.ingramcontent.com/pod-product-compliance
Lightning Source LLC
Chambersburg PA
CBHW071438060426
42450CB00009BA/2225